EINLADUNG aufs Land

EINLADUNG aufs Land

Wie sechs Frauen ihr Leben auf dem Land genießen

Lifestyle
BUSSE SEEWALD

menü
· Kürbis Carpaccio
· Muskatkürbis
· Rehrücken
· Pflaumen Crumble
· Stockbrot

Inhalt

Liebe Leserinnen,

Sie sind herzlich eingeladen zu einer privaten Landpartie! Sechs Frauen zeigen Ihnen, wie sie feiern, dekorieren und ihre Gäste bewirten. Alle Frauen leben auf dem Land oder lieben das Landleben und sie wählen besondere Orte, um ihr Leben dort und ihre privaten kleineren Feiern und größeren Feste zu Hause und in der freien Natur zu gestalten. Sie präsentieren ihre vielfältigen Dekorationen, geben Inspirationen zum Selbermachen und verraten ihre Lieblingsrezepte.

Ob Osterkaffee mit der Familie, entspanntes Picknick unter freiem Himmel oder geselliges Zusammensein mit Freunden im Sommergarten, ob Hochzeitsfeier in einer romantischen Mühle, Adventskaffee mit Freundin oder einem festlichen Weihnachtsdinner in den eignen vier Wänden – Anlässe zum Feiern gibt es ebenso viele, wie unterschiedliche Ideen dafür zu dekorieren, zu kochen und zu backen.

Je nach Anlass und Ort schaffen sie unterschiedliche Stimmungswelten, in denen sich die Gäste – ob Familie oder Freunde und Bekannte – das ganze Jahr über wohlfühlen und Kraft tanken. So wird ein Ausflug aufs Land zu einem unvergesslichen, schönen Erlebnis.

Lassen Sie sich inspirieren
und laden Sie den Country-Charme
zu sich nach Hause ein.

Välkommen
bei
LOTTAS
HUS

Ostern
BEI JANA

»Ostern feiern meine Familie und ich ganz natürlich in unserem Zuhause!«

Jana lebt mit ihren Kindern Carlotta und Luca und ihrem Lebensgefährten auf dem Land. Sie ist Inhaberin von „Lottas Hus", einem Laden für florale Dekorationen und skandinavische Wohnaccessoires. Auch privat liebt sie den skandinavischen Wohn- und Lebensstil. Sie hat sieben Jahre in Schweden gelebt und dort auch ihre Kinder auf die Welt gebracht.

Heiter und unbeschwert

Ostern ist für Jana die Zeit, in der die Natur erwacht. Es ist ein Fest für die ganze Familie. Diese Tage sollen zu einem unvergesslichen Erlebnis werden. Bei der Osterdekoration setzt Jana frisches Grün und die ersten zarten Farben des Frühlings gekonnt in Szene. Sie ist mit Leib und Seele Dekorateurin und ihre floralen Arrangements gestaltet sie mit großer Leidenschaft. Im Blumenladen wie im eigenen Zuhause sollen sie dazu beitragen, eine heiter-entspannte Atmosphäre zu schaffen.

Osterdekorationen in Formen- und Farbenvielfalt zeigt Jana in ihrem Laden: Kränze aus Buchsbaum, Olivenzweigen, aus Stroh mit Wachteleiern und Federn oder mit Moos umwickelte Drahtherzen. Dazwischen hat sie Frühlingsblüher und Kerzen in zartem Pastell hübsch verteilt. Ihre Kreationen sind florale Schmuckstücke!

Dabei ist es Jana wichtig, dass sie vor allem natürliche Materialien verwendet, sie lässt sich am liebsten von der Vielfalt der Natur inspirieren. Zu Hause hängt der Osterkranz aus Weidenzweigen von der Wohnzimmerdecke herab. Den hat sie, wie alle anderen floralen Dekorationen, selbst gemacht. Sie sollen nicht zu gleichmäßig aussehen, nicht zu glatt, die Natur darf »Ecken und Kanten« haben, findet Jana. Der Kranz ist mit selbst gestalteten Ostereiern in Pastelltönen geschmückt und mit rosafarbenen und weißen Bändern aufgehängt. Softe, pudrige Farben passen einfach ideal zu Naturmaterialien!

MEINE DEKOIDEE

Hohe schöne Keramikgefäße auswählen, die am besten farblich auf die Hyazinthen abgestimmt sind. Als Drainage etwas Kies, Blähton oder ein wenig zerknülltes Zeitungspapier einfüllen. Das Hyazinthentöpfchen einsetzen und mit Islandmoos abdecken. Das Moos sieht schön aus und bewahrt vor Austrocknung.

Janas Schildchen mit ihrem Logo um das Töpfchen gebunden sehen richtig hübsch aus. Ein Anhänger mit Ostergruß oder ein Namensschild als Tischkarte für die Ostertafel wirken ebenfalls reizvoll.

Baumwollspitze und Schleifenband können ganz dem eigenen Farbkonzept angepasst werden und geben dem Tischschmuck eine romantische Note, findet Jana.

MEINE DEKOIDEE

Grünes Islandmoos um einen Kranzrohling aus Stroh, Weide oder Styropor leicht überlappend auflegen und mit Wickeldraht festbinden. Wenn der Rohling auf keinen Fall hervorblitzen soll, diesen zuvor mit grünem Kreppband umwickeln. Einen oder zwei Weidenzweige mit Strohblumennadeln befestigen. Dieser natürliche **Osterkranz** passt wunderbar auf den Kaffeetisch, er wirkt aber auch an Wand oder Decke sehr dekorativ.

Der Korb ist ein toller Tischschmuck. Dafür etwas Folie in einen **Weidenkorb** und darauf Nasssteckmasse legen. Dann kleine Buchsbaumzweige hineinstecken. Nun mit Wachteleiern dekorieren. Um den Korb eine Baumwollspitze oder ein Spitzenband aus Papier und darüber ein Schleifenband binden. Eine Feder, am besten selbst gefunden, setzt noch einen besonderen Akzent.

Beim Eierverzieren für den Osterkranz zu Hause wirken die Kinder tatkräftig mit, aber noch lieber helfen sie beim Backen, denn Kuchen backen kann man jeden Tag, aber einen Osterhasen nur einmal im Jahr!

Durch die großen Fenster fällt viel Licht. Fröhliche Farbtupfer bilden die Sofakissen in Beerentönen. Passend dazu hat Jana den großen Osterkranz der Familie gestaltet: natürlich und in frischen Frühlingsfarben.

Neben einem üppigen Tulpenstrauß auf dem weißen Tabletttisch genießen Jana und Carlotta die Osterstimmung.

MEINE DEKOIDEE

Die ausgeblasenen weißen Hühnereier zum Verzieren auf einen Schaschlikspieß stecken. Zum Gestalten eignen sich **Häkelspitzen**, Spitzen aus Papier oder gemusterte Stoffstreifen. Diese auf die nötige Länge zuschneiden, das Ei mittig einmal rundherum dünn mit Kleber bestreichen und die Spitze oder den Stoff auflegen. Um die Spitze noch ein schmales Zierband mit einer Feder kleben. Zum Aufhängen Holzstückchen an Bindfäden knoten und in das obere Loch im Ei schieben. Für die selbst genähten **Herzen mit Spitzenborte** zwei Herzen aus Stoff ausschneiden, auf eines an der gewünschten Stelle die Borte aufnähen, dann die Herzen rechts auf rechts legen und zusammennähen, eine kleine Öffnung lassen. Wenden, mit etwas Füllwatte ausstopfen, dann zunähen. Zum Aufhängen ein Band mit Knopf annähen.

Das dezente Weiß von Stuhlhussen, Schrank und Leuchte bieten, neben den warmen Naturtönen von Teppich und Körben, den idealen Hintergrund für die Stars auf dem Tisch: den Osterkranz auf der dekorativen Tortenplatte und die großen Ostereier aus Pappe.

Die großen Ostereier von Jana erinnern – bestimmt nicht unbeabsichtigt – an einen Osterbrauch in Schweden. Dort bekommen die Kinder ein großes Ei aus Pappe, das mit Süßigkeiten gefüllt ist.

MEINE DEKOIDEE

Zu den Hühnereiern mit Spitzenverzierung am Osterkranz passen die großen Eier Weiß und Pastell der **Tischdekoration**. Dafür wird ein (teilbares) Pappmaché-Ei mit Stoff beklebt. Dann ein Stück Häkel- oder Baumwollspitze, am besten farblich passend, um das Ei kleben. Zuletzt mit einem Stück Bindfaden umwickeln und eine kleine Hornveilchenblüte oder eine Feder als i-Tüpfelchen darunterschieben.

Wer die Eier befüllen möchte, beklebt die beiden Ei-Hälften einzeln und bindet die Spitze mit Bindfaden oder einem Satinband um das Ei fest.

Den Tisch für den Osterkaffee hat Jana liebevoll gedeckt. Die Natur an den Tisch holen, so lautet ihre Devise. Frühlingsblüher sind dabei ein Muss, doch ihr persönliches Dekohighlight ist ein selbst gefertigter Osterkranz, außergewöhnlich präsentiert auf einer Tortenplatte – ein Augenschmaus in frischem Grün! Warmes Licht verbreiten goldgelbe Windlichter aus Glas. Alles strahlt heitere Unbeschwertheit aus. Hier können alle entspannt zusammensitzen, die eigenen Osterkreationen bewundern – und es sich schmecken lassen!

Süße Osterhäschen

Für Carlotta und Luca ist der österliche Kaffeetisch nicht komplett ohne die selbst gebackenen Häschen. Beim Backen helfen sie sehr gern mit. Es gibt viele schöne 3-D-Backformen für Häschen, aber auch solche für Osterlämmchen zu kaufen.

Für 1 Häschen (500 ml Fassungsvermögen):

- 50 g Butter plus etwas für die Form
- 50 g Zucker
- ½ Päckchen Vanillezucker
- 1 Prise Salz
- 1 Ei
- 80 g Mehl
- 1 TL Backpulver
- 1 EL Milch
- Puderzucker zum Bestäuben

Den Backofen auf 180 °C Ober-/Unterhitze (Umluft 160 °C) vorheizen.

Die Butter mit dem Handrührgerät schaumig rühren. Zucker, Vanillezucker und Salz dazugeben und so lange rühren, bis sich der Zucker aufgelöst hat. Dann das Ei unterrühren.

Mehl und Backpulver mischen und sieben. Mehl-Backpulver-Mischung unter den Teig rühren, dazu am besten nicht mehr das Handrührgerät, sondern einen Rührlöffel verwenden. Dann auch die Milch unterrühren.

Die Backform mit Butter einfetten. Den Teig in die Form füllen. Auf der unteren Schiene im Backofen 35–45 Minuten backen.

Die Form aus dem Ofen nehmen und auskühlen lassen. Dann das Häschen aus der Form stürzen und mit Puderzucker bestäuben.

»Ich genieße es, schon die Vorbereitungen mit viel Liebe und Zeit zu zelebrieren.«

»Dürfen wir jetzt endlich probieren?!« Wenn man selbst mitgebacken hat, schmeckt es noch mal so gut.

Französische Hochzeit
BEI MARIE & PIERRE

»Traumhochzeit auf dem Land – das gemeinsame Leben beginnt im Paradies.«

Marie und Pierre möchten den Tag ihrer Eheschließung als unvergessliches Erlebnis gestalten. Deshalb haben sie die Moulin Brégeon, eine Wassermühle aus dem 19. Jahrhundert, im kleinen Ort Linières-Bouton im romantischen Loire-Tal für ihr Fest gemietet. Sie lieben das alte Gebäude, das dessen Besitzer nach elfjähriger Renovierungszeit seit 2001 als Gästehaus liebevoll hergerichtet haben.

Vermählung in ländlicher Idylle

Braut und Bräutigam strahlen mit dem herrlichen Frühsommertag um die Wette. Sie haben ihre Festkleidung in klassischem Weiß gewählt, Marie ein schulterfreies Brautkleid mit üppigem Volant und schwarzer Schärpe, Pierre einen leichten sommerlichen Anzug – genau richtig für ein Fest im Freien. Das Paar gibt sich in der Kirche des kleinen Dorfes das Jawort. Als sie nach der Trauung in der Moulin ankommen, ist die Eingangstür bereits mit einem opulenten Blumengebinde aus weißen Rosen, Lilien und Efeu geschmückt. Der Brautstrauß ruht in einer Vase auf dem geschwungenen Ständer neben dem Eingang.

Von Rosen gerahmt: Rechts klettern sie in Weiß und Rosa, links grüßt ein pastellfarbenes Bouquet.

In festliches Kerzenlicht getaucht: Hohe Leuchter sind mit kleinen Glaswindlichtern kombiniert. Der Tisch für Marie und Pierre ist weiß gedeckt mit Lilien, Rosenstrauß und Champagner im Kühler. Verträumt und chic – die Strohhüte auf den Stühlen für sie und ihn.

MEINE DEKOIDEE

An den weiß lackierten, verschnörkelten Gartenstühlen sind begrünte Metallherzen als **Stuhldekoration** angebracht. Dazu einen Metallkleiderbügel zu einer Herzform biegen. Das Herz mit Efeu, Weinblättern oder anderen Ranken umwickeln, schön dicht, damit das Metall nicht durchschimmert. Den Aufhänger des Bügels mit einem weißen Satinband ebenfalls umwinden und zur Schleife binden. Dann das Herz an den Stuhl hängen.

Auch biegsame Weidenruten lassen sich in Herzform bringen. Diese dann mit Blüten oder Bändern verzieren und mit einer dekorativen Satinbandschleife direkt am Stuhl festbinden. Die Stühle können auch mit Myrtenkränzen verziert werden, als Reminiszenz an den früheren Brautkranz.

Das Liebespaar empfängt hinter der hölzernen Tür ein romantisches Ensemble. Auf der von Kerzenschein festlich erleuchteten Terrasse laden filigrane Metallstühle im französischen Stil zum Platznehmen ein. Der mit einer Spitzendecke verzierte Tisch trägt einen alten Lüsterleuchter, viele Kerzengläser und einen Rosensstrauß.

»Savoir-vivre – alle Sinne sind angesprochen.«

Auf dem Kies vor der Feldsteinmauer der alten Mühle erwartet die märchenhaft vorbereitete Hochzeitstafel die Gäste zum Mahl. Hier darf in himmlischem Ambiente geschwelgt werden.

Die Mitte der festlichen Tafel wird durch eine breite Schale mit Maries Lieblingsblumen, den Rosen, betont.

Lilien und Blattwerk umkränzen Tisch und Terrasse. Ein efeuumwundenes Herz schmückt den Stuhl der Braut. Marie und Pierre lassen sich vom Zauber dieses Ortes einfangen, sie genießen die Ruhe des Augenblicks und stoßen mit Champagner auf ihr gemeinsames Leben an.

Das Paar wünscht sich eine kleine, ganz persönliche Hochzeitsfeier, um die Freude und das Glück dieses Tages mit wenigen geliebten Menschen zu teilen. An der alten Feldsteinmauer des mit Rosenstöcken und Efeu bewachsenen Mühlengebäudes zieht sich ein bekiester Vorplatz mit Baumbestand entlang. »Der ideale Ort für unser romantisches Dîner!«, finden Pierre und Marie und wünschen sich, unter den schattenspendenden Bäumen zu speisen.

Die Festtafel im Freien ist mit erlesenem weißen Porzellan und schwerem Silberbesteck gedeckt. Im grünen Laub darüber flattern weiße Schmetterlinge oder vielleicht Täubchen? »Es sieht bezaubernd aus«, begeistert sich Marie, besonders als sie entdeckt, dass in den weißumhüllten Windlichtern kleine Lämpchen verborgen sind, die zusammen mit den weißen Kerzen in den schmiedeeisernen Leuchtern für stimmungsvolles Licht sorgen werden.

MEINE DEKOIDEE

Kaskaden aus Blüten, Blättern und Ranken verzieren die Enden der Tafel – eine zauberhafte **Tischdekoration**, die auf dem Tisch selbst nur wenig Platz in Anspruch nimmt. Dazu lange, dicht belaubte Efeuzweige, die Blumenbindedraht gut verbergen können (denn der gibt die nötige Stabilität!), mit langen weißen Lilien, üppig erblühten Rosen und verschiedenen kleineren Blüten zu einem Bouquet binden. Dann werden diese schönen Gebilde mit großen Sicherheitsnadeln an der Tischdecke festgesteckt. Soll eine sehr lange Hochzeitstafel geschmückt werden, können zusätzlich an den Längsseiten noch solche bezaubernden »Blumenwasserfälle« angebracht werden.

Auch Antoine trägt heute sein »Lieblings-Outfit«. Er ist perfekt dem Ambiente der alten Mühle angepasst – ganz schön fesch so ein Strohhut!

MEINE DEKOIDEE

Hier wurde für die blütenweißen Servietten auf den Gedecken eine ganz einfach herzustellende Fächerform gewählt. Die Serviette mit Wäschestärke einsprühen und bügeln. Nochmals mit Stärke einsprühen und zum Rechteck falten, dann von der unteren Längskante aus in zieharmonikaartige Falten legen. Den Streifen einmal aufeinanderfalten und die beiden aneinanderstoßenden Faltungen ineinanderschieben. Den Fächer aufstellen und in Form modellieren. Der **Gedeckschmuck** wird durch die Give-aways ergänzt. Weiße Geschenkschachteln werden mit Hochzeitsmandeln gefüllt. Die Schächtelchen dann noch mit einem feinen rosafarbenen Satinband zusammenbinden.

Die Spitztüten aus handgeschöpftem Rosenpapier wurden mit rosa und weißen Rosenblättern gefüllt und wunderschön mit weiteren Rosenblättern in einer weiten Glasschale mit Fuß arrangiert. So stehen die Blütengrüße für das Brautpaar dekorativ bereit. Die roten Spitztüten, gefüllt mit einer bestielten Rosenblüte und mit rosa Satinband und Holunderblüten liebevoll auf dem Teller arrangiert, sind ein wohlduftender Gedeckschmuck.

Nach dem Festessen – es gibt getrüffelte Poularden – erreicht die Feier einen weiteren Höhepunkt: Antoine trägt die typisch französische, hoch aufgetürmte Hochzeitstorte aus kleinen Windbeuteln auf: »Croque en bouche« genannt, ein Kunstwerk aus knackigen Brandteigbällchen mit Cremefüllung und Karamellüberzug.

Viele Dekorationen hat Marie selbst gefertigt und dabei ihre Vorfreude auf den großen Tag vollauf genießen können. Als Geschenke und kleine Give-aways für ihre Gäste hat sie selbst gemachte Hochzeitsmandeln in kleinen Schachteln vorbereitet, die sich Pierre von ihr gewünscht hatte.

MEINE DEKOIDEE

Die roséfarbenen **Spitztüten** werden aus handgeschöpftem Papier, die roten Tüten aus Prägekarton mit Rosenmotiv und Goldflitter gerollt und mit doppelseitigem Klebeband innen fixiert. Nun jede Spitztüte mit Reis oder einigen Rosenblättern und obenauf mit einer großen weißen oder rosafarbenen Rosenblüte füllen. Als dekorative **Blumenschale** ein besonderes Stück auswählen, am besten wie hier aus erlesenem Altsilber. Eine weiße Stoffserviette und einige zartfarbene Satinbänder in Rosa-, Rot- und Violetttönen einlegen. Zum Abschluss die Spitztüten zusammen mit einigen Holunderblüten darin arrangieren. Und schon ist der Blütengruß für Braut und Bräutigam fertig.

Dazu wurden abgezogene Mandeln karamellisiert, mit Schokolade überzogen und zuletzt mit Kakaopulver bestäubt. In hübsche Papiertüten und -täschchen hat sie Reis oder Rosenblütenblätter gefüllt – und mit Reis- und Blütenregen verabschieden sich zu später Stunde ihre Gäste. Alle sind sich einig, es war ein einzigartiger Tag.

MEINE DEKOIDEE

Die Geschenktütchen aus weißem handgeschöpftem Papier gibt es fertig zu kaufen. Nach Wunsch können mit einem Lackstift noch die Namen der Gäste oder die Namen des Brautpaars auf das Tütchen geschrieben werden. Die Tütchen mit etwas Reis oder wohlduftenden rosafarbenen oder weißen Rosenblättern füllen. Auf einem Metalltablett mit Holunderblüten und Rosenblättchen andekorieren. Die **Reis- und Rosentütchen** vor dem Austeilen auf einem Tischchen arrangieren. Stehen sie in größerer Menge zusammen, wirkt das besonders hübsch.
Die Tütchen können auch mit selbst gemachtem Konfetti gefüllt werden.

Auf die Tradition des Reiswerfens soll hier nicht verzichtet werden, alternativ können die Gäste auch Tütchen mit frischen Rosenblättern wählen.

Marie und Pierre lassen als Zeichen für ihre Liebe und Treue weiße Tauben in den Himmel auffliegen. Das »dritte Familienmitglied«, der geliebte Labrador, fügt sich dabei mit einem festlichen Blumenkranz ins idyllische Gesamtbild ein.

Der große Augenblick ist da: Die Hochzeitstorte wird serviert, hergestellt von Christian Godineau, dem Besitzer der Patisserie »La Duchesse Anne« in Saumur. Für jene, die sich jedoch selbst an dieser anspruchsvollen Köstlichkeit versuchen möchten, ist ein Rezept auf Seite 40 beigefügt.

Hochzeitstorte

Diese »Croque en bouche«, was mit »knackt im Mund« übersetzt werden kann, aus kleinen Windbeuteln wird in Frankreich traditionell zu besonders feierlichen Anlässen gebacken, vor allem zu Hochzeiten. Je nach Personenzahl können viele Windbeutel zu großer Höhe aufgetürmt werden.

Für eine Torte aus 40–50 Mini-Windbeuteln (je nach Größe):

Brandteig:

- 150 g Mehl
- 2 Prisen Salz
- 1 EL Zucker
- 100 ml Milch
- 100 g Butter
- 4 Eier (Größe L)

Vanillecreme:

- 100 g Sahne
- 3 Eigelb
- 75 g Zucker
- 20 g Mehl
- 15 g Speisestärke
- 250 ml Milch
- ½-1 Vanilleschote

Karamell zum Zusammensetzen:

- 250 g Zucker

Zum Dekorieren:

- ca. 20 Zuckermandeln

Außerdem:

- Spritzbeutel mit je 1 großen und 1 kleinen Tülle

Für den Brandteig Mehl, Salz und Zucker in einer Schüssel miteinander vermischen. Nun Milch, 150 ml Wasser und die Butter in einem großen Topf erhitzen. Wenn die Butter geschmolzen ist, sofort zum Kochen bringen. Die Mehl-Zucker-Mischung mit einem Holzlöffel einrühren. Den Topf vom Herd nehmen und so lange weiterrühren, bis die Masse nicht mehr am Topfrand kleben bleibt. Ein Ei mit einem Holzkochlöffel einrühren, dann den Teig 10 Minuten stehen lassen. Die restlichen 3 Eier separat verquirlen und nach und nach unterrühren.

Den Backofen auf 200 °C Umluft vorheizen. Den Teig in einen Spritzbeutel füllen und mit einer großen Tülle etwa kirschgroße Häufchen (ca. 3 cm Durchmesser) auf mit Backpapier belegte Bleche spritzen; alternativ mit einem kleinen Teelöffel aufsetzen. Zwischen den Häufchen gut 5 cm Abstand lassen, Brandteig erreicht beim Backen etwa das Dreifache seiner ursprünglichen Größe. 10 Minuten backen, dann die Hitze auf 180 °C reduzieren und weitere 8–10 Minuten backen, bis die Bällchen goldbraun sind. Den Ofen während des Backvorgangs keinesfalls öffnen, da die Windbeutel sonst wieder zusammenfallen!

Aus dem Ofen nehmen und die Bällchen mit einem Messer anstechen, damit der Dampf entweichen kann. Abkühlen lassen.

Für die Vanillecreme zunächst die Sahne steif schlagen und in den Kühlschrank stellen. Die Eigelbe und den Zucker zusammen schaumig rühren. Mehl und Stärke unterrühren. Die Milch mit dem ausgekratzten Vanillemark und der aufgeschlitzten Vanilleschote aufkochen. Dann vom Herd nehmen und die Schote entfernen. Etwas Vanillemilch unter ständigem Rühren zur Eimasse geben. Dann unter Rühren die Eimasse zur restlichen Milch geben und alles unter ständigem Rühren 1 Minute kochen. Mit Frischhaltefolie abdecken und abkühlen lassen. Zum Schluss die Sahne unterheben.

Zum Befüllen der Windbeutel mit einem Zahnstocher jeweils ein kleines Loch in deren Boden stechen. Die Creme in einen Spritzbeutel mit kleiner Lochtülle füllen und vorsichtig in die Windbeutel spritzen. Windbeutel im Kühlschrank aufbewahren. Nach Wunsch kann als Füllung für die Windbeutel auch nur Schlagsahne verwendet werden.

Für das Karamell zum Zusammensetzen 150 ml Wasser und Zucker vermischen, zum Kochen bringen und ohne Rühren kochen lassen, bis der Karamell goldgelb ist. Hitze auf schwächste Stufe stellen, damit die Mischung flüssig bleibt. Die Windbeutel einzeln leicht hineintauchen und pyramidenförmig neben- und aufeinanderkleben. Zuletzt mit den weißen Zuckermandeln dekorieren.

Mit weißem Seidenpapier und etwas Bindfaden wurden diese Windlichter umhüllt. Hinein kommt jeweils ein wenig Sand und ein LED-Teelicht – so kann nichts schiefgehen.

Am Abend flackert ein märchenhafter Lichterbaum mit den Kerzen der Festtafel um die Wette – ein perfekter Abschluss für Maries und Pierres Traumhochzeit auf dem Land.

In der Moulin Brégeon ist das Hochzeitslager für das Brautpaar vorbereitet. Ein zarter, weißer Textilschleier umfängt das antike gusseiserne Bett.

Marie und Pierre haben das Nachtlager im Freien gewählt und dürfen in trauter Zweisamkeit bei Mond- und Kerzenschein noch lange die besondere Atmosphäre dieses paradiesischen Ortes genießen.

Unzählige Windlichter und zwei große antike Kerzenleuchter erhellen die laue Sommernacht. Der gekühlte Champagner steht schon bereit. Das Brautpaar wird erwartet.

Weisses
Landfest
Kalte Gurkensuppe
*
Saltimbocca
*
Pollo Tonnato
*
Geräucherte Maränen
*
Grüner Spargel
8 9 10

Gartenfest
BEI DÉSIRÉE

»Landleben im Wechsel der Jahreszeiten – das ist Lebensfreude pur!«

Nach der Geburt des ältesten ihrer drei Söhne zog es Désirée und ihren Ehemann in ein Dorf in Norddeutschland. Eigentlich ist Désirée Betriebswirtin, aber hier wurde sie durch den direkten Zugang zu frischen ländlichen Produkten zur leidenschaftlichen Köchin – und da sie immer schon gern Gäste bewirtete, entstand ihre »Genussfaktorei«, in der sie auch Catering und Events anbietet.

Ein weißes Landfest – lässig und leicht

Das alte Backsteinhaus mit der noch älteren Scheune haben Désirée und ihr Mann in einen besonderen Ort verwandelt. »Es gab keine Heizung, nur Öfen, und das ganze Anwesen wartete darauf, wach geküsst zu werden. Wir haben geplant, gearbeitet und so unser Paradies geschaffen«, erzählt Désirée. Sie genießt es, im Grünen zu Hause zu sein. Das heißt für sie, einfach in die Stiefel schlüpfen, falls es geregnet hat, und hinaustreten in eine Luft wie Seide. Frische Blumen und Kräuter direkt aus dem eigenen Garten holen, dabei ist stets einer der wachsamen tierischen Begleiter an ihrer Seite.

Norddeutsch geprägt ist das geräumige Haus. Eine Feldsteinmauer mit passendem Zaun darauf umschließt das Anwesen. Einladend wirkt der überdachte Eingangsbereich mit den Stützpfeilern, an denen blauviolette Klematis emporranken.

Kinder, Hund und Federvieh streifen durch den ausgedehnten Garten. Am Tisch lehnt eine große Tafel mit dem Motto der sommerlichen Feier und der Speisenfolge. Kleine Inseln aus natürlich gewachsenen Wildkräutern und blühenden Stauden dürfen bei Désirée im Rasengrün stehen bleiben. Die Idee einer wilden Sommerwiese zieht so mit in den gepflegten Garten ein. Auch Bienen, Schmetterlinge und Vögel kommen so häufig zu Besuch.

Danach geht es in den Hühnerstall, bestimmt haben die Hofhühner wieder fleißig frische Eier für das bevorstehende Fest gelegt.

Heute soll ein Gartenfest stattfinden. An der großzügigen Eingangstür mit viel Glas ist eine alte Glocke angebracht. Nicht weit davon, an der Querleiste der Haustür, hängt ein Willkommenskranz für die Gäste. Das Wetter spielt auf jeden Fall mit, die Sonne strahlt. Auf dem Rasen hinter dem Haus ist der Tisch unter dem Kirschbaum gedeckt. »Wie

Lecker müssen die Cake-Pops geworden sein … Es sieht zwar so aus, als hätten die Kinder die Kuchenlollis vom Busch gepflückt, aber Désirée hat sie am Vortag für sie gebacken.

gut, dass Grün meine Lieblingsfarbe ist«, lacht Désirée, denn es passt so gut zu den weißen Tischdecken und der hellen sommerlichen Kleidung. Sogar ihren geliebten Louis-seize-Sessel und die hohen silbernen Leuchter hat Désirée in den Garten geholt, sie geben der ländlichen Feier eine elegante Note. Die Getränke bleiben im Eiswasser von Zinkwanne und Zinkeimer schön kühl. Auch ein kleines Vorratshäuschen gibt es im Garten, sicher war es einmal ein Stall. Hier können Vorräte für das Fest gut aufbewahrt werden.

MEINE DEKOIDEE

Ob süß oder würzig – Dips (Schlagsahne oder Kräutercreme) in einem Kranz aus Keksen oder Crackern sind nicht nur erfrischend, sondern eine tolle Tischdekoration, wenn sie in so schönen Dessertschalen mit hohem Fuß auf der Tafel verteilt werden. Das i-Tüpfelchen ist ein Minze- oder Basilikumblättchen.

Schön gerade halten, damit die Kostbarkeit nicht herunterfällt, und schnell an einem sicheren Ort allein und mit großer Freude verspeisen!

»Opulent und dennoch lässig soll es sein, wenn ich eine Festlichkeit gestalte«, meint Désirée. Das sehen und spüren auch ihre Gäste und genießen es. Alle Speisen sind handgefertigt, möglichst in der Umgebung eingekauft, denn so ist Frische und Qualität garantiert. Jede ihrer Einladungen plant Désirée dem Anlass entsprechend individuell. Die Rezepte wählt sie nach der Jahreszeit aus – im Mai muss es eben Spargel sein und nicht etwa Rotkohl. Für sommerliche Essen im Freien bevorzugt Désirée leichte, mediterrane Küche.

Silber auf weißem Tischtuch sieht sehr festlich aus. Der glänzende Sektkühler voller Wiesenkerbel korrespondiert mit dem Henkelschälchen und dem hohen Silberleuchter.

In halbhohen Glaskaraffen serviert Désirée Eiswasser mit Zitrusfrüchten. Ob Orangen-, Zitronen- oder Grapefruitspalten – das leicht säuerliche Getränk sorgt an heißen Tagen für den nötigen Frischekick. Im Eiswasser-Eimer warten gut gekühlte alkoholische Getränke auf ihren Einsatz.

»Meine Gäste schätzen genussvolle Stunden voll Leichtigkeit, die Entschleunigung auf dem Land tut ihr Übriges«, erklärt Désirée ihr Vorgehen. Immer wieder mischt sie sich unter ihre Gäste, plaudert, fragt nach besonderen Wünschen, denn es sollen sich alle umsorgt fühlen. Hier rückt sie ein Sträußchen zurecht, da faltet sie eine Serviette nach; ihrem kritischen Auge entgeht nichts. Zwischendurch verschwindet sie ganz dezent, um in der Küche die nächsten notwendigen Schritte einzuleiten.

MEINE DEKOIDEE

Die schönsten Dekorationen werden uns von der Natur im Überfluss angeboten: Frisch geschnittene Buchsbaumzweige sind auch bei großer Hitze lange haltbar und machen sich bereits auf dem großen Teller sehr gut. Für den Tafelschmuck werden sie zu kleinen Sträußen gebunden und in silberne Becher und weiße Väschen gestellt.

Einmal mit der Schere durch den Garten und schon kann der grüne Tischschmuck auf dem Silbertablett serviert werden. Nun geht es ans Kränzchenwinden.

MEINE DEKOIDEE

Um zu fortgeschrittener Stunde den abendlichen Sternenhimmel ein wenig zu unterstützen, werden **Windlichter** in die Bäume gehängt. Dazu Kerzen im Glas (am besten selbst gegossen) mit Draht umwinden und aus dem Draht anschließend noch eine Aufhängung biegen. Am besten eignet sich 1–3 mm dicker Aludraht. Aus einem weiteren Stück Aludraht einen Kreis biegen. Die Buchsbaumzweige dicht an dicht herum legen und jeweils mit Wickeldraht befestigen. Die Laternen noch jeweils mit einem Kranz aus Buchsbaum verzieren und an stabilen Ästen aufhängen.

»Es ist liebevoll eingedeckt. Jetzt können die Gäste kommen – zu Tisch!«

Das Essen wird aufgetragen und alle helfen dabei. Auch für die Kleinsten gibt es etwas zu tun: Es fehlt eine Gabel! Wer ist als Erster in der Küche?!

Mit dem Auge fürs perfekte Ensemble platziert Désirée die sattgrünen Buchsbaumsträußchen zwischen strahlend weißem Porzellan auf der Festtafel. Glanzpunkte bieten die Silberaccessoires wie Leuchter, Schälchen und Sektkühler.

Wir stoßen an auf die charmante Gastgeberin, der ein Gartenfest mit bezaubernden Dekorationen in unbeschwerter Atmosphäre gelungen ist!

»Unsere Küche ist der zentrale Punkt des Hauses. Die portugiesischen Fliesen und der wärmende Kamin machen sie sehr gemütlich. Hier wurde schon viel gearbeitet, gelacht und geweint«, verrät Désirée. Einer der Söhne schaut seiner Mutter in der Küche ganz interessiert zu, vielleicht hat er ihre Kochleidenschaft geerbt. Dann wird sie ihm ihre selbst entwickelten Rezepte weitergeben, auch die vom heutigen Menü.

In dieser Küche werden qualitativ gute Lebensmittel verarbeitet. Auch die Ausstattung und die Werkzeuge sind hochwertig, damit hier Köstlichkeiten entstehen können. Ein hoher Fliesenspiegel mit wertvollen alten Kacheln gibt der Landhausküche ein unverwechselbares Äußeres. Zwei eiserne Küchenkronen bieten Platz für allerlei Küchenutensilien, Dosen und Becher.

Kabeljaufilet mit Kapern

Da Désirée ihren Fisch direkt vom Fischer bezieht, kann sie ihn dort frisch auswählen. Im Mai bietet sie auch gern Scholle an, die sie nach dem gleichen Rezept zubereitet.

Für 4 Portionen:

- 1 Bio-Zitrone
- 3 EL Estragon-Essig
- ½ TL Zucker
- 1 TL grober Senf
- Salz
- frisch gemahlener schwarzer Pfeffer
- 3 EL feine Kapern
- 4 Kabeljaufilets (ca. 600 g)
- 1 EL Sonnenblumenöl
- 1 EL Butter

Die Zitrone heiß abspülen, trocken reiben. Die Schale dünn abschälen, in feine Streifen schneiden. Die geschälte Zitrone halbieren und eine Hälfte auspressen. Die andere Hälfte in feine Scheiben schneiden. Zitronensaft und -schale, Essig, Zucker, Senf, Salz und Pfeffer zu einer Marinade verrühren. Die Kapern abtropfen lassen, 2 EL hacken und unterrühren.

Die Filets abspülen und trocken tupfen. Öl und Butter zusammen in einer beschichteten Pfanne erhitzen und die Filets darin von beiden Seiten etwa 5 Minuten braten, erst danach salzen und pfeffern. Die Zitronenscheiben und die ganzen Kapern zufügen und kurz mit anbraten. Dann alles in eine Auflaufform geben, mit der Marinade beträufeln. Abkühlen lassen und lauwarm servieren. Als Beilage zum Filet können Kartoffel- und Zucchiniwürfel in der Pfanne mit Butter geschmort werden.

Zucchini-Omelett

Das ist ein wunderbar leichtes Gericht für die sommerliche Küche. Besonders Vegetarier werden davon begeistert sein.

Für 4 Portionen:

- 500 g kleine, feste Zucchini
- Saft von ½ Zitrone
- Öl zum Braten
- Salz
- frisch gemahlener schwarzer Pfeffer
- 50 g Käse (z.B. Gouda)
- 8 Eier
- 8 EL Milch
- 1 EL gehackte Petersilie
- 2 TL Gemüsebrühe

Die Zucchini waschen und trocken tupfen. Stiel und Blütenansatz entfernen, die Zucchini in feine Stückchen schneiden und mit dem Zitronensaft beträufeln.

Das Öl in der Pfanne heiß werden lassen und darin die Zucchini beidseitig goldbraun braten, mit Salz und Pfeffer würzen. Nun auf geringe Wärmzufuhr schalten.

Den Käse reiben. Mit Eiern, Milch, Petersilie und Gemüsebrühe schaumig schlagen, über die Zucchini gießen und stocken lassen. Soll das Omelett von beiden Seiten knusprig werden, muss es gewendet werden.

Der Käse kann auch weggelassen werden – das Omelett schmeckt trotzdem!

Die Vorfreude aufs Essen ist groß. Ein bisschen Geduld müssen auch die Kinder noch aufbringen, aber gleich kommt ganz sicher der erste Gang.

Die Kinder haben schon vor ihren Tellern Platz genommen. Sie hoffen auf Pasta und tatsächlich hat Désirée auch die Wünsche ihrer kleinen Gäste bei der Zusammenstellung des Menüs berücksichtigt. Die Speisen sind wie kleine Kunstwerke angerichtet und bilden auf der Tafel eine Einheit mit der Tischdekoration aus frischem Gartengrün in Glas- und Silbervasen. Nun können die Gäste kommen. Ihren fröhlich-erwartungsvollen Mienen sieht man die Vorfreude an – sie werden nicht enttäuscht werden! So wünscht es sich Désirée für ihr gelungenes Gartenfest.

Salatdressing

Diese Granatapfel-Vinaigrette eignet sich für viele Salate. Hier wird sie für einen Nudelsalat mit Schinken und Schafskäse auf einem Bett aus Eichblattsalat verwendet. Kinder mögen dieses Dressing auf einem sommerlichen Blattsalat – besonders, wenn er mit köstlichen Birnen, Erdbeeren oder Feigen zubereitet wird.

Für 4 Portionen:

- 1 Schalotte
- ½ TL Dijonsenf
- 2 TL Granatapfelsirup
- Salz
- frisch gemahlener schwarzer Pfeffer
- 3 EL Olivenöl

Die Schalotte fein hacken und in einer Schüssel mit Senf, Granatapfelsirup, Salz und Pfeffer mischen. Dann langsam das Olivenöl zugießen und aufschlagen, damit sich alle Zutaten zu einer schönen Sauce verbinden.

Den Salat am besten auf einer flachen Platte anrichten und immer mal wieder mit Dressing beträufeln, darauf achten, dass der Salat nicht im Dressing »ertrinkt«.

Basilikum-Pesto

Pesto wird vorwiegend zu Nudeln serviert. Aber es mundet auch sehr gut zu gekochtem Rindfleisch oder – wie in Italien – auf warmem Weißbrot zum Appetit anregen.

Für 6 Personen:

- 4–6 Knoblauchzehen
- 1 Prise Salz
- 3 EL Pinienkerne
- 2 Bund frisches Basilikum
- 125 g Butter
- 125 ml kalt gepresstes Olivenöl
- 50 g Pecorino
- 50 g Parmesan

Die Knoblauchzehen schälen und mit Salz zerdrücken. Die Pinienkerne in einer Pfanne ohne Fett anrösten. Basilikumblättchen abzupfen. Alles im Mixer pürieren und dann in eine Schüssel geben. Die Butter zerlassen und den Käse reiben. Beides vorsichtig mit dem Olivenöl hinzufügen.

Dieses Pesto ist gut haltbar, im Kühlschrank kann es auf jeden Fall eine Woche aufgehoben werden. Ganz frisches Pesto, möglichst noch ein bisschen warm, kann auch portionsweise eingefroren werden.

Bei Pasta mit Pesto sind alle Kinder und Erwachsenen rundum zufrieden, es schmeckt ihnen eben – basta!

Bei strahlendem Sonnenschein im Grünen an festlicher Tafel zusammengekommen – das ist unser fabelhaftes Gartenfest!

Picknick im Grünen

FÜR FLORINE UND EMELINE

»Ab ins Grüne und die Natur in vollen Zügen genießen!«

Stephanie lebt mit ihrem Mann und den beiden Töchtern Florine und Emeline auf dem Land. Sie ist sehr naturverbunden, verbringt viel Zeit draußen und näht, bastelt, malt, fotografiert und töpfert auch gerne. An Sommer-Wochenenden lädt sie ihre Freunde oder ihre Familie zu Gartenfesten oder Picknicks im Grünen ein, für die sie sich immer einen besonderen Ort und liebenswerte Dekorationen ausdenkt.

Wochenend' und Sonnenschein

Für Stephanie gehört es zum Landleben, die »Natur bewusst wahrzunehmen und im Alltag eine Nische dafür zu schaffen«. Es macht ihr Freude, sich im Sommer einfach aufzumachen, um an einem schönen Fleckchen Erde mit Familie und Freunden die Natur und die mitgebrachten Speisen und Getränke zu genießen. »Mal feiern wir als Familie, mal mit Freunden und Bekannten, aber alle meine Gäste mögen die ungezwungene Atmosphäre im Freien«, erzählt Stephanie. Heute feiert Stephanie mit ihren Töchtern Florine und Emeline, die sich dieses Picknick von ihr wünschen und bei den Vorbereitungen helfen.

Florine hängt eine Schiefertafel an den Picknickbaldachin, darauf steht: »Lust auf Picknick?«. Das können sie und ihre Schwester nur fröhlich bejahen!

Für das Picknick im Grünen gibt es sogar einen »Tisch«, den hatten sich die Mädchen gewünscht. Stephanie hat eine kleine Holzpalette weiß gestrichen und ihr Mann hat sie vorab mit dem Auto antransportiert. So etwas lohnt sich, wenn man den ganzen Tag dort draußen verbringen möchte, findet Stephanie. Natürlich ist es praktisch, einiges mit dem Auto an Ort und Stelle zu bringen, aber meist reicht eine Picknickdecke aus. Stephanie nimmt sie immer gleich auf dem Fahrrad mit.

Im Emailleeimer mit kaltem Wasser bleiben Getränke lange kühl. Emeline holt die Strohhalme hervor, denn mit Strohhalmen zu trinken gehört zu einem Picknick einfach dazu, findet sie. Die Konservendose hat sie selbst so schön in Lila bemalt.

Unter dem hübschen Baldachin sitzen alle gern, das kommt schließlich nicht alle Tage vor. Und die Mädchen finden es sogar richtig fein unter dem Sonnensegel und haben schon den »Tisch« gedeckt.

Für den Sonnenschutz werden vier dicke Bambusstangen fest in den Boden gerammt, darauf wird als Sonnensegel ein Stück weißer Baumwollstoff befestigt und rundherum die bunte Wimpelkette, die Stephanie selbst genäht hat. Schon die Planung des Picknicks hat Stephanie viel Freude bereitet: Wer wird bewirtet, was eignet sich für ein Picknick, welcher Ort ist der Schönste? Ihre Töchter stehen nicht nur beratend zur Seite, sondern machen begeistert mit. Sie haben sich für frisches Obst, Kuchen im Glas und selbst gemachte Limonade entschieden.

MEINE DEKOIDEE

Windlichter aus Glas mit Henkel gibt es fertig zu kaufen, aber sie lassen sich auch aus Bügelgläsern leicht selber machen. Dazu den Deckel entfernen. Das Glas mit etwa 1–3 mm dickem Aludraht umwinden und anschließend eine Aufhängung biegen.

Ob aus Baumwolle, Organza, Satin, Taft, Samt oder Seide, geblümt, kariert, gestreift oder einfarbig – das Band macht die Dekoration! Einfach einmal herumwickeln und zur Schleife binden. Mit dem Band kommt ein **Windlicht** erst richtig zur Geltung und kann beim nächsten Fest auch immer wieder farblich passend umgestylt werden.

Florine pflückt sich einen Strauß aus Blättern, Beeren und Blüten, den sie nach dem Picknick mit nach Hause nehmen möchte.

Die Limonade haben sie in eine wiederverschließbare Flasche gefüllt. Im mitgebrachten, mit Wasser gefüllten Emailleeimer bleibt die Limo schön kühl. Die Mädchen können es gar nicht erwarten den »Tisch« zu decken. Stephanie hat die Lieblingsfarben ihrer beiden Töchter als Tischdekoration ausgewählt: Rosafarbene Schüsseln und rosa-hellblau gemusterte Pappteller und Gläser in Orange und Pink sind dabei. Selbst die rosafarbene Thermoskanne mit Kirschblütendekor fügt sich gut ein ins Bild. Auf Etageren lassen sich die mitgebrachten Speisen perfekt anrichten.

Rote Limonade

Ein Glas selbst gemachte Limo erfrischt und ist im Nu hergestellt – und es muss ja nicht immer Zitrone oder Orange sein – heute wird rote Brause serviert.

Für 1 Flasche:

- 250 g Himbeeren
- 160 g Zucker
- Mineralwasser zum Auffüllen

Himbeeren, 200 ml Wasser und Zucker langsam aufkochen und 30 Minuten köcheln lassen. Zwischendurch umrühren. Die Limonade etwa 2 Stunden vor dem Genießen ziehen lassen. Den Saft durch ein feines Sieb passieren. Mit Mineralwasser nach Geschmack auffüllen.

Anstatt der frischen Himbeeren können auch tiefgekühlte verwendet werden. Dann einfach nur etwa die Hälfte des Wassers hinzufügen.

Damit das Picknick richtig Spaß macht, haben die Mädchen die Flasche und die Strohhalme mit einem kleinen Fähnchen aus bunt gemustertem Masking Tape geschmückt.

Wie gut, dass es wunderschöne Exemplare wie diese pinkfarbene aus Kunststoff gibt – einfach ideal fürs Picknicken. »Los, setzt euch doch endlich«, ruft Emeline. Sie findet, nun kann es endlich losgehen und gießt allen schon einmal Limonade ein.

Heidelbeerkuchen

Dieser Kuchen im Glas ist ideal für ein Picknick. Er ist gut verpackt, es müssen keine Kuchenteller mitgenommen werden und was übrig bleibt, lagert krümelsicher im Glas.

Für 4 Einmachgläser:

- 100 g Butter plus etwas für die Gläser
- 100 g Zucker
- 2 Eier
- 150 g Mehl
- ½ TL Backpulver
- 1 EL Milch
- 100 g Heidelbeeren

Den Backofen auf 175 °C Ober-/Unterhitze (Umluft 160 °C) vorheizen. Butter, Zucker und Eier schaumig rühren. Mehl mit Backpulver mischen, dazugeben und verquirlen. Die Milch hinzugeben und alles gut verrühren.

Die Einmachgläser mit etwas Butter einfetten. Die Gläser zur Hälfte mit Teig füllen, dann die Heidelbeeren gleichmäßig auf die vier Gläser verteilen und etwas andrücken.

Die Gläser auf ein Backblech stellen und im Backofen auf der zweiten Schiene von unten 30–45 Minuten backen.

Die Heidelbeeren lassen sich auch durch andere Beerenfrüchte ersetzen.

»Es gibt nichts Schöneres, als den Sommer draußen zu erleben.«

Nach einem wundervollen Picknick-Tag am See treten Stephanie und ihre Kinder nun den Heimweg an. Und weil es so schön war, plant Stephanie auf dem Weg schon ihr nächstes Picknick ...

Picknick

NOCH MEHR SOMMERFEELING

Das Picknick ist der kleine Urlaub vom Alltag im Grünen. Einfach mal raus und Luft holen, in der Sonne liegen und mitgebrachte Köstlichkeiten verspeisen. Gute Organisation vorab ist alles, denn Gäste lassen sich meist mit Begeisterung einspannen. So läuft ein Picknick dann fast wie von selbst.

Schön für die Gastgeberin eines Picknicks ist, dass sie alles vorbereiten kann. Am Picknickort bleibt nur noch wenig zu tun. Wer ein Picknick plant, kann sich für ein Motto entscheiden und einen Ort auswählen. Ob die neuen Lieblingsdekorationen an der frischen Luft vorgeführt oder besondere kulinarische Genüsse serviert werden sollen, der Fantasie sind kaum Grenzen gesetzt. Wichtig ist, dass alles gut verpackt wird, frisch bleibt und einfach zu transportieren ist. Ob Strand, Park oder romantisch in Weiß – auf den folgenden Seiten sind drei weitere Ideen für eigene Ausflüge zusammengestellt.

ICE TEA

Picknick am Strand

Dabei muss es nicht immer das Meer sein, der nahegelegene Badesee tut es auch. Mit Accessoires in frischem Aqua und maritimer Deko hört man dann auch das Meer rauschen. Hier wurde die Holzpalette zu einem höheren Tisch aufgestockt. Weiß gestrichene Holzkisten, die eben noch die Genüsse für das Picknick transportierten, dienen nun als Sitzgelegenheiten. Aus großen Ästen ist schnell ein Gestell für das Sonnensegel aufgebaut: Ein heller Gardinenschal mit Ösen wird mit einer reißfesten Schnur leicht und rasch daran befestigt. Passend zum Strandmotto ist das Farbthema Aqua & Weiß.

»Sonne, Strand und Wasser geben uns ein herrliches Urlaubsgefühl.«

Am Abend sorgen maritime Windlichter für stimmungsvolles Licht. Sie werden mit Erdspießen in den Sand gesteckt. Mit weißen oder aquafarbenen Duftkerzen bestückt, halten sie sogar ungebetene Fluggäste fern.

MEINE DEKOIDEE

Aus einer sauberen Konservendose (ohne scharfe Schnittkante!), von der die Papierumhüllung entfernt wurde, entsteht eine praktische Tischdekoration: ein kleiner Flaschenkühler! Höhe und Umfang der Dose ausmessen und eine Schablone aus Pappe mit diesen Maßen fertigen. Damit ein Rechteck aus gemustertem Papier zuschneiden (für den Umfang 1 cm hinzugeben) und mit Doppelklebeband um die Dose befestigen. Ein Quadrat aus Jute zuschneiden, darauf etwas weiße Acrylfarbe streichen und auf die Dose kleben. Nach dem Trocknen den Namen des Gastes aufstempeln. Eine kleine Flasche hineinstellen.

Der Durstlöscher Eistee steht in der Steingutkanne schon griffbereit. Mit ein paar Spritzern Zitrone erfrischt er besonders.

Passend zum Strandmotto ist ein Stück Holz mit dem Schriftzug »Strandgut« versehen und mit dickem Bindfaden um Serviette und Besteck gebunden.

Obstspieße

Fingerfood ist für das Picknicken praktisch. Spieße jeder Art lassen sich einfach ohne Besteck verspeisen. Diese Variante mit Obst ist sommerlich-frisch.

Für 10–15 Spieße:

- ½ Wassermelone
- 250 g Himbeeren
- 250 g Heidelbeeren
- 100 g Kapstachelbeeren (Physalis)

Die Melone in 1–2 cm dicke Scheiben schneiden und die Schale entfernen. Von der Oberseite sichtbare Kerne entfernen. Dann mit Ausstechformen dicht an dicht große und kleine Sterne ausstechen.

Die Melonensterne im Wechsel mit den Beeren auf die Spieße schieben. Bei jedem Spieß die Größe der Melonensterne und die Reihung der Beeren variieren, so sehen die Spieße besonders dekorativ aus.

So hübsch können kleine süße Häppchen auf Holzspieße gesteckt aussehen: Obst am Stil – die Idee ist vom Eis abgeguckt. Dieser Nachtisch ist genauso lecker, aber viel gesünder.

Kirschkuchen

Mit diesen »süßen Gläsern« lässt sich beim Strandpicknick gut »Segel setzen«. Dazu einfach gemustertes Papier als Segel auf Holzspieße kleben und mittig in die servierfertigen Kuchen stecken.

Für 4–6 Einmachgläser:

- 150 g Sauerkirschen (frisch oder aus dem Glas)
- 100 g Butter plus etwas für die Gläser
- 100 g Frischkäse
- 150 g brauner Zucker
- 1 Päckchen Vanillezucker
- 3 Eier
- 300 g Mehl
- ½ Päckchen Backpulver
- Puderzucker zum Bestäuben

Die frischen Kirschen entsteinen bzw. Kirschen aus dem Glas abtropfen lassen. Den Backofen auf 180 °C Ober-/Unterhitze (Umluft 160 °C) vorheizen.

Butter, Frischkäse, Zucker und Vanillezucker schaumig schlagen. Dann die Eier unterschlagen. Mehl und Backpulver mischen und in die Butter-Frischkäse-Masse rühren, bis ein zäher Teig entsteht. Die Kirschen hinzugeben und unterheben.

Die Einmachgläser mit Butter einfetten und gut zur Hälfte mit Teig füllen. Im Backofen 35–40 Minuten auf mittlerer Schiene backen, auskühlen lassen und mit Puderzucker bestäuben.

MEINE DEKOIDEE

Hübsch verstaut und stylisch präsentiert warten nun die Badeutensilien auf ihren Einsatz. So eine **Stranddekoration** in Aqua und Weiß sieht einfach schön aus. Ein Sonnenschirm, ein Naturschwamm, ein Stapel Handtücher in passenden Farben, Flipflops für den heißen Sand und die Aufforderung »Take A Bath« auf einem Holzschild sorgen bei den Gästen gleich für das nötige Strandfeeling. In der großen Strandtasche mit Stern sind Sonnencreme sowie Kamm und Bürste verborgen. Eine maritime Laterne und Windlichter, die in den Sand gesteckt werden, stehen für die Abendzeit zur Verfügung.

Einladung zum Baden: Nach dem Ankommen möchten alle Gäste gleich ins Wasser. Und nach dem Baden wird Boccia gespielt, die silbernen Kugeln liegen schon bereit.

MEINE DEKOIDEE

Um kleine Snacks für das Strandmotto passend zu präsentieren, sind Papierschiffchen ideal. Papier in einem Blau- oder Türkiston auswählen. Schiffchen – wie in der Schulzeit gelernt – falten. Für den Mast mit Fähnchen einen Streifen Masking Tape, am besten hübsch gemustert, zuschneiden. Den Streifen um das obere Ende eines langen Holzspießes aufeinander kleben, dann noch ein Dreieck aus dem Streifenende herausschneiden. Den Fahnenmast mittig in das fertige Schiffchen stecken, eventuell mit einer spitzen Schere ein Loch vorstechen.

Details wie Salzgebäck-Fischchen und ein kleiner Rettungsring als kleine Tellerdekoration greifen das maritime Thema auf.

Einfach entspannt Platz nehmen, das Essen ist schon da: Eine Jakobsmuschel präsentiert den frisch gebackenen Seestern von seiner schönsten Seite.

Salzgebäck

Diese selbst gebackenen Meeresbewohner vernaschen sogar Vegetarier!

Für 30–40 Stück (je nach Größe):

- 350 g Mehl
- ½ TL Salz
- 1½ TL Backpulver
- 1 Prise frisch gemahlener schwarzer Pfeffer
- 150 g saure Sahne
- 200 g Butter
- 1 Eiweiß
- grobes Salz und Schwarzkümmel zum Bestreuen

Das Mehl auf die Arbeitsfläche geben. Salz, Backpulver und etwas Pfeffer hinzufügen. Eine Mulde in das Mehl drücken und die saure Sahne hineingeben. Die Butter in Flöckchen ringsum verteilen. Mit den Händen zügig zu einem Teig verkneten. In Frischhaltefolie wickeln und mindestens 1 Stunde in den Kühlschrank legen.

Jeweils ein großes Stück Teig abtrennen und ausrollen. Seesterne, Fische und Krabben ausstechen und auf ein mit Backpapier ausgelegtes Backblech legen. Den Backofen auf 210 °C Ober-/Unterhitze (Umluft 200 °C) vorheizen.

Eiweiß mit etwas Wasser verquirlen und auf das Salzgebäck streichen, mit grobem Salz und Schwarzkümmel bestreuen. Im Ofen etwa 10–15 Minuten goldbraun backen. Abkühlen lassen und auf ein Kuchengitter legen.

Picknick im Park

Manchmal möchte man einfach nur gemeinsam mit Familie oder Freunden entspannte Mußestunden im Freien erleben. In einem Park mit vielen Bäumen findet sich stets ein schattiges Plätzchen. Der kleine mitgebrachte Sonnenschirm beschattet zusätzlich. Mit den Fahrrädern lässt sich das Wichtigste leicht antransportieren: Picknickkorb und -decke, ein Windlicht ... Zu so einem Relax-Picknick im nahen Park gehören auch ein paar schöne, bequeme Kissen unbedingt dazu. So bereitet ein Sommertag im Freien sehr große Freude.

»Einfach mal die Seele baumeln lassen und die Ruhe genießen.«

Gut vorbereitet – auch wenn das Wetter mal umschlägt. Nach einem Regenguss sind die Besitzerinnen der hübsch karierten Gummistiefel auf jeden Fall im Vorteil ...

Park-Platz mit Aussicht: So ein Drahtesel transportiert im großen rosafarbenen Seegraskorb auf dem Gepäckträger auch Kissen, Decke und Getränke in den nahen Park.

Lachsbrötchen

Belegte Brote oder Brötchen sind der Klassiker unter den Picknicksnacks. Kein Wunder, sie lassen sich gut transportieren und kombinieren Käse, Wurst oder Fisch mit frischem Salat und einer leckeren Creme.

Für 6 Brötchen:

- 3–4 EL frisch geriebener Meerrettich (oder aus dem Glas)
- 150 g Crème fraîche
- 150 g saure Sahne
- 1–2 EL Honig
- 1–2 Prisen Salz
- 6–9 Ciabattabrötchen
- 6–12 Scheiben Lachs
- 12 Blätter Kopf- oder Eichblattsalat
- 1 Bund Dill

Für die Meerrettichcreme Meerrettich, Crème fraîche, saure Sahne und Honig verrühren. Mit etwas Salz abschmecken.

Die Brötchen je nach Höhe in zwei oder drei Teile aufschneiden und mit Meerrettichcreme bestreichen. Dann jedes Teil mit Lachs, Salatblättern und Dill belegen.

Die Brötchenteile aufeinandersetzten. Danach jedes mit einem farbigen Bindfaden umwickeln. Einen langen Holzspieß von oben durch das ganze Brötchen stecken, das verleiht Stabilität.

Alles ist vorbereitet, jetzt können die Picknickgäste kommen. Mit großer Decke und bequemen Kissen lässt es sich gut im Park leben. Im kleinen Emaille-eimer bleiben die Getränke schön kühl.

Erdbeer-Dessert

Der fruchtig-leichte Desserttraum im Glas!

Für 4 Gläser:

- 125 g Butter
- 100 g Zucker plus 3 EL für die Erdbeeren
- 1 Ei
- 150 g Mehl
- ½ TL Backpulver
- 400 g Erdbeeren
- Saft von ½ Zitrone
- 1 TL Speisestärke
- 250 g Magerquark
- 200 g Sahne
- 1 Päckchen Vanillezucker

Den Backofen auf 175 °C Ober-/Unterhitze (Umluft 160 °C) vorheizen. Für den Rührteigboden die Butter sahnig rühren, 100 g Zucker und Ei zufügen. Mehl mit Backpulver mischen und unterrühren. Eine Springform (Ø 26 cm) mit Backpapier auslegen, den Teig etwa 1 cm dick darin glatt streichen und 25–30 Minuten backen. Auskühlen lassen. Danach acht runde Stücke aus dem Tortenboden stechen. Für die Erdbeerschicht die Erdbeeren putzen, vierteln, zuckern und Saft ziehen lassen. Für die Quarksahne den Erdbeersaft mit dem Zitronensaft und der Speisestärke anrühren und klümpchenfrei aufkochen. Abgekühlt unter den Quark rühren, dann Sahne mit Vanillezucker steif schlagen und unter den Quark heben. Nun im Wechsel Tortenböden, Quarksahne und Erdbeeren in die Gläser schichten.

Picknick in Weiß

Wie weiße Tupfer in einem Meer von Grün wirken die großen weißen Lampions, die fröhlich im Wind schaukeln. Das Picknick ist vorbereitet und dessen Motto ist so einfach wie wirkungsvoll: Mit Weiß und feinen Grauschattierungen kann man farblich einfach nichts falsch machen. Kombiniert mit Sand- und Blautönen entstehen schöne Nuancen und alles passt harmonisch zusammen. Als Tisch dienen vier weiß gestrichene Holzkisten. Die Glaslaterne und der hohe Silberleuchter veredeln die Picknicktafel. Ideale Sitzunterlagen auf dem Gras sind die weiß-grau gemusterten Baumwollläufer.

»Im Grün des Sommers ein luftig-leichtes Fest im Freien feiern!«

Weiße Lampions und Picknickkörbe, Decken und Kissen im Mustermix, mal hellblau-weiß gestreift, mal grau-weiß gemustert – alles strahlt Freundlichkeit und Leichtigkeit aus.

Holunderblüten-Cocktail

Als Erfrischung an heißen Tagen unschlagbar!

Für 1 Flasche Sirup:

- 20–25 Holunderblütendolden
- 1 kg Zucker
- 1–2 Bio-Zitronen
- 15 g Zitronensäure

Die voll aufgeblühten, duftenden Holunderblüten ernten. Die Blüten nur abschütteln, die dicken Stängel an den Dolden entfernen. Den Zucker mit 1 l Wasser zu einem Sirup aufkochen. Die Dolden zusammen mit den in Scheiben geschnittenen Zitronen ins Zuckerwasser legen und 1–3 Tage abgedeckt ziehen lassen. Danach die Blüten und Dolden entfernen und den Sirup durch ein feines Sieb gießen. Diesen Sirup noch einmal aufkochen, die Zitronensäure hinzugeben, gut verrühren und sofort heiß in eine Flasche abfüllen.

Für 1 Flasche Cocktail:

- 5 EL Holunderblütensirup
- 750 ml Mineralwasser oder Sekt
- 1 Bio-Zitrone
- 1–2 Holunderblütendolden

Den Holunderblütensirup mit Sekt oder – als alkoholfreie Variante – Mineralwasser aufgießen. Mit Zitronenscheiben und Holunderblüten verfeinern.

Butterbrotpapier zur Spitztüte drehen, Heidelbeeren hineinfüllen, fertig ist die hübsche Snacktüte. Weiße Holunderblüten – in einem Korb gesammelt – duften herrlich und sind die wichtigste Zutat für den Sirup. In einem Snackkasten werden Beeren, Getränke und Baguettes gereicht.

Herbstfest
BEI STEPHANIE

»Die dritte Jahreszeit bietet ein Fest für Augen und Gaumen!«

Stephanie lebt mit ihrem Mann und den beiden Töchtern auf dem Lande. Sie genießt dort sehr, dass ihr immer frische Landluft um die Nase weht und ihr die Ideen für neue „Events" im Freien einfach nicht ausgehen. Da sie ein Händchen für alles Dekorative hat, lädt sie heute in den eigenen Garten zum Herbstmahl ein. Das „grüne Zimmer" schmückt sie für ihre Gäste besonders stimmungsvoll.

Herbstzauber

Es ist Herbst geworden – es ist Zeit, die letzten Abende im Freien zu genießen. »Wir feiern im Herbst gern draußen, wenn es das Wetter nur irgendwie zulässt, auch in warmer Jacke oder Wollpullover lässt es sich herrlich zusammensitzen«, erzählt Stephanie. »Zum Herbst gehören für mich kräftige Farben«, erklärt sie. Sie liebt das intensiv leuchtende Lila und Blau der Herbstastern, die sie mit Heidekraut als Dekorationen in Weidenkörben zum Fest arrangiert hat.

Herbststauden wie Astern und Heidekraut ergeben – ob im Weidenkorb oder im Topf zusammen mit Weintrauben und Kürbis – nicht nur besonders schöne farbkräftige Dekorationen, sie lassen sich anschließend auspflanzen und erfreuen bis zum ersten Frost und wieder im kommenden Jahr. Die ersten Gäste treffen ein und werden von einem Willkommensschild begrüßt. Auch Vierbeiner sind gern gesehen!

»Welcher ist der Schönste?« Die Kinder dürfen sich von den selbst geernteten Kürbissen ein Exemplar aussuchen und mitnehmen.

An diesem Herbstsonntag wird mit Freunden im heimischen Garten das Herbstfest gefeiert. Und das heißt: zusammen in der Sonne sitzen, die ersten Herbstfarben und das besondere Licht wahrnehmen, Gemüse und Obst aus dem eigenen Garten genießen und – für jeden, der das gerne möchte – auch gemeinsam ernten. Und sofort machen sich die Kinder an die Kürbisernte. Erst werden die Zierkürbisse in Zinkschüsseln, die Stephanie bereitgestellt hat, gelegt, dann geht es mit dem Handwagen an die Speisekürbisse, denn Hokkaido-, Muskat- und Butternusskürbis sind zu schwer, um sie zu Fuß zum Haus zu schaffen.

Besonders gut kommt der Mais an, den Stephanie dieses Jahr in einer Ecke des Gartens gepflanzt hat – alle freuen sich schon auf heiße Maiskolben mit Butter und Salz.

MEINE DEKOIDEE

Zierkürbisse gibt es in vielen verschiedenen Formen, Farben und Größen. Viele von ihnen zusammen in eine Zink- oder Emailleschüssel gelegt, bilden ein reizvolles Herbstarrangement.

Eine weitere schöne Idee für eine herbstliche Dekoration sind selbst gemachte rustikale **Kissen mit Kürbismotiv**. Einfach einen Kissenbezug aus grobem Jutestoff (Sackleinen) nähen. Eine Schablone auswählen und auf der Vorderseite des Kissens befestigen. In Schablonentechnik mit Textilfarben in Orange und Grün sowie einem Schwamm einen Kürbis auftupfen. Trocknen lassen und vorsichtig die Vorlage abnehmen.

Der Herbst ist die richtige Jahreszeit, um in Dekorationen aller Art zu schwelgen. Dabei ist der Kürbis ein Muss – ob in natura oder gemalt.

Die Kürbisernte ist dieses Jahr besonders gut ausgefallen – kein Problem bei so vielen fleißigen Erntehelfern! Und vor allem, weil es den Handwagen gibt, denn so ein Korb kann den großen Kürbis kaum fassen.

Diese kleinen Schiefertafeln verwendet Stephanie gern als Menü- oder Platzkarte oder als Gedeckschmuck. Und das Gute ist, sie lassen sich immer wieder neu beschreiben.

Die Freunde kommen gern in den schönen Garten. »Wir haben rund um den alten Apfelbaum – eine fast vergessene Sorte, die Ananas Renette – eine Streuobstwiese angelegt und wieder mehr Obstbäume gepflanzt«, sagt Stephanie. Und in diese Obstbäume hat sie viele Windlichter gehängt, die den Herbstabend in stimmungsvollen Kerzenschein tauchen werden. Es wird nun früher dunkel, aber alle möchten noch ein wenig länger draußen sitzen bleiben. Auf den Stühlen liegen schon warme Decken bereit.

MEINE DEKOIDEE

Für diese einfache und **essbare Tischdekoration** benötigt man nur einen Apfel, ein kleines Stück Ast (10–15 cm lang) und etwas Masking Tape. Den Stiel vom Apfel entfernen. Dann mit einem kleinen Küchenmesser noch ein wenig in der Größe des Astes aushöhlen.

Ein Stück Masking Tape mittig um das obere Ende des Astes kleben. Ein Dreieck aus dem Streifenende schneiden. Dann das andere Ende des Astes mit dem Messer ein wenig anspitzen und in das Loch im Apfel stecken. Den Apfel auf oder neben dem Gedeck platzieren.

Zierkürbisse schmücken neben Äpfeln und violettem Heidekraut in weiß gestrichenen Übertöpfen den Tisch. Zum Aufwärmen gibt es Stephanies Kürbissuppe. Dabei stammen die Kürbisse für die Suppe ebenso aus eigener Ernte wie die Pflaumen im Pflaumen-Crumble. Stephanie schenkt »Flüssiges Gold« an ihre Gäste aus, den Apfelsaft hat sie – auch aus eigenen Äpfeln – selbst gemacht.

Ein Sonntag im Freien genießen auch die Kinder. Sie haben genug Platz zum Spielen und die Erwachsenen essen derweil die köstlichsten Dinge.

Neben hübschen kleinen Zierkürbissen bildet das selbst gemachte hohe Windlicht mit roter Kerze und vielen Kastanien einen tollen herbstlichen Blickfang auf dem Tisch. Besonders reizvoll ist der um den Glasrand gewundene Hopfen.

Kürbissuppe

Wenn es draußen kälter wird, sind heiße Suppen wichtige Begleiter. Sie wärmen Magen und Seele. Vor allem wenn sich – wie hier – Orangen-Fruchtigkeit und Ingwerfeuer treffen.

Für 6 Personen:

- 2 Zwiebeln
- Öl zum Braten
- 600–700 g Hokkaidokürbis mit Schale
- 300–400 ml Gemüsebrühe
- 1 Stück frischer Ingwer (etwa 2 cm)
- 1 Knoblauchzehe
- 250 ml Kokosmilch
- 150 ml Orangensaft
- Salz
- frisch gemahlener schwarzer Pfeffer

Die Zwiebeln würfeln und in heißem Öl in einem Topf andünsten. Den Kürbis waschen, halbieren und mit einem Löffel die Kerne entfernen. Kürbis in kleine Würfel schneiden, kurz mit den Zwiebeln anbraten, dann mit der Gemüsebrühe ablöschen. Den Topf abdecken und den Kürbis 15–20 Minuten dünsten, bis er weich ist. Nach Bedarf etwas Brühe nachgießen, damit er nicht anbrennt.

Ingwer und Knoblauch schälen. Den Ingwer fein reiben, den Knoblauch fein hacken. Kokosmilch, Orangensaft, Ingwer und Knoblauch zur Suppe geben und mit dem Pürierstab pürieren. Die Suppe unter Rühren kurz aufkochen lassen und mit Salz und Pfeffer abschmecken.

»Mit Früchten aus dem eigenen Garten zu bewirten ist einfach unschätzbar.«

Apfelsaft – eine echte Kostbarkeit. Dekorativ sind die kleinen gelben Zieräpfel und ein Etikett mit Namen, Herkunft und Abfülldatum des edlen, naturtrüben Saftes.

Stephanie ist stolz auf den selbst gemachten Apfelsaft und bewirtet ihre Freunde gern damit. Wer großes Glück hat, bekommt sogar ein Fläschchen geschenkt.

In Portionsgläsern mit Deckel ist der Nachtisch ideal verpackt, denn der Genuss lässt sich über längere Zeit verteilen und die Wespen haben das Nachsehen.

Stephanies selbst gebackener Pflaumen-Crumble schmeckt genau richtig: ein bisschen sauer und ein bisschen süß!

Wer mag, geht auf Entdeckungsreise durch den Garten, beteiligt sich an der Obsternte. Körbe und Kisten hat Stephanie bereitgestellt. »Es macht mir viel Freude, diese Jahreszeit zusammen mit Kindern zu erleben«, schwärmt sie. Die Kinder sammeln Rosskastanien, die sind so wunderschön rotbraun, schade, dass man sie nicht aufessen kann. Aber kein Grund, traurig zu sein, denn Stephanie hat heiße Esskastanien vorbereitet.

Das Laubwerk ist schon lichter geworden, die nun schwächeren Sonnenstrahlen durchdringen es hier und da und zaubern dieses tolle warme Licht. Sie werden alle noch bis in den Abend hier sitzen, reden, essen, lachen, sich in die warmen Decken wickeln und in den Garten blicken. »Der Garten sieht plötzlich ganz anders aus«, stellt Stephanie fest und das finden auch die Gäste – Herbstzauber eben ...

Pflaumen-Crumble

In diesem Crumble vereinen sich Frucht und Kuchen zu einem wunderbaren Dessert-Duett.

Für 6 Einmachgläser:

- 750 g Pflaumen
- 130 g Mehl
- 50 g kernige Haferflocken
- 1 Prise Salz
- 1 Prise Zimt
- 1 Päckchen Vanillezucker
- 80 g brauner Zucker
- 80 g weiche Butter plus etwas für die Gläser

Den Backofen auf 175 °C Ober-/Unterhitze (Umluft 160 °C) vorheizen. Die Pflaumen waschen, entsteinen und in Spalten schneiden. Die Gläser leicht einfetten und die Pflaumen hineingeben.

Für die Streusel (Crumble) Mehl, Haferflocken, Salz, Zimt, Vanillezucker und Zucker in einer Schüssel mischen und mit der sehr weichen Butter mit den Händen oder den Knethaken des Handrührgerätes zu Streuseln verarbeiten. Für 20 Minuten in den Kühlschrank stellen.

Dann die Streusel auf die Gläser verteilen. Auf einem Backblech (mittlere Schiene) im Backofen 25–35 Minuten goldbraun backen.

Die Gläser etwas abkühlen lassen, den Crumble als Dessert lauwarm genießen. Er schmeckt auch sehr gut mit Schlagsahne oder Vanillesauce.

Apfelkuchen

Diesen Apfelkuchen-Klassiker hat schon Stephanies Großmutter gebacken, allerdings auf dem Blech. Im Garten darf er aus einem Glas gelöffelt werden.

Für 6 Einmachgläser:

- Butter für die Gläser
- 3–4 Äpfel
- 180 g Mehl
- 3 TL Backpulver
- 100 g Zucker
- 1 Päckchen Vanillezucker
- 2 Eier
- 75 ml Sonnenblumenöl
- 100 g saure Sahne oder Schmand
- 1 Prise Zimt

Den Backofen auf 180 °C Ober-/Unterhitze (Umluft 170 °C) vorheizen und die Gläser zwei Drittel hoch einfetten.

Die Äpfel schälen, vierteln, Kerngehäuse entfernen und Äpfel in kleine Stücke schneiden. Die restlichen Zutaten mit dem Pürierstab oder Mixer zu einem glatten Teig verrühren. Die Apfelstücke unterrühren. Den Teig auf die Gläser verteilen, nur so hoch, wie jedes Glas eingefettet ist.

Auf dem Rost auf mittlerer Schiene 30–40 Minuten backen.

Nach dem Crumble noch ein kleines Gläschen Apfelkuchen. Auch für süße Leckermäulchen ist der Tisch sehr reichhaltig gedeckt.

Kinder lieben das Kastaniensammeln, denn es ist schön, die großen, glatten und glänzenden Samen der Rosskastanie in den Händen zu halten. Damit lassen sich wunderschöne Dekorationen arrangieren oder Kastanienmännchen basteln.

Ein Korb mit frisch gefallenen Kastanien ist ein wundervoller Anblick. Eine natürliche Dekoration für Haus und Garten, die in dem Kartoffelkorb besonders zur Geltung kommt. An einem kühlen Herbsttag gibt es eine heißgeliebte Leckerei: Esskastanien auf dem offenen Feuer im Garten gegart. Mit etwas Salz und Butter sind sie ein Genuss.

Nun muss der vierbeinige »Erntehelfer« aussteigen, denn mit dem Handwagen soll die Ernte, vor allem Kürbisse und Äpfel, zum Haus gefahren werden. Danach versammeln sich alle noch einmal unter den Lampions ums Feuer. Was für ein schönes Herbstfest!

Advent

BEI TINA

»Ich möchte, dass mein Gast ankommt, entspannt und sich wohlfühlt.«

Tina Busch, die Radiomoderatorin, liebt es, ihre große Dachgeschosswohnung in einem Landhaus, ganz nach Jahreszeit und Anlass zu dekorieren. Kein Wunder, denn Tina hat auch einen Laden für Schmuck, Wohnaccessoires und Möbel, Neues ebenso wie Altes, und arrangiert auch dort ihre neuen Fundstücke gerne selbst.

Winterweiß mit Kerzenlicht

Tinas Lieblingsfarbe ist Weiß. Und so hat sie auch ihre Wohnung gestaltet, das strahlende Weiß von Wänden und Boden verleiht den Räumen Weite und Großzügigkeit. Tina hat ihr Dachgeschoss-appartement perfekt den Gegebenheiten schräger Wände angepasst. Selbst Dach- und Gaubenfenster wirken in diesem hellen Umfeld größer. Ihren Einrichtungsstil bezeichnet Tina als entspannte Mischung aus Altem und Neuem. Sie mixt antike dunkle Vollholzmöbel mit weißen.

Tina mag schlichte Kränze, wie diesen, aus kurzen Ästen und fertigt sie auch selbst. Mit Schneespray »beschneit«, zeigt er sich im winterlichen Kleid.

»Freundlich-friedliche Oase mit zauberhaften Details …«

Zur Adventszeit gehört für Tina das Gefühl von Behaglichkeit. Warme Strickplaids zum Einkuscheln liegen deshalb stets bereit und sorgen für eine gemütliche Atmosphäre.

Viele Möbel, wie Blenderschrank, Kaminattrappe und Sofa, hat sie weiß gestrichen. Vor diesem edlen, dezenten Hintergrund lassen sich mit großer Ausdruckskraft Blickpunkte schaffen, ganz besonders in der Vorweihnachtszeit. So stellt sie Accessoires aus Porzellan, Silber, Glas und Naturmaterial zusammen und spielt mit soften Farbtönen und Mustern. »Das ist gelebte Landliebe«, sagt Tina mit einem Augenzwinkern. Sie setzt gezielt Akzente, vor allem mit Windlichtern und Kerzen, denn »Kerzenlicht ist Balsam für die Seele«, meint Tina.

MEINE DEKOIDEE

Mit einem Paar Engelsflügeln lässt sich eine hübsche **Stuhldekoration** für die Vorweihnachtszeit gestalten. Zwischen den Flügeln sind zwei Gummibänder angebracht, mit denen die Flügel über die Stuhllehne gezogen werden. Nun darf das Flügelpaar nach Wunsch gerne weiter dekoriert werden: Eine Schleife aus rosafarbenem oder weißem Organzaband und zwei Weihnachtskugeln – hier sind es zwei silberne Zapfen – annähen (oder mit kleinen Sicherheitsnadeln anbringen). Ein Zinkeimer mit geweißten Zapfen erdet die Dekoration.

Zahlreiche dicke Kerzen, auch eine im Henkelglas, setzen feine leuchtende Akzente vor Möbeln, vor der Kaminattrappe und auf dem hellen Dielenboden.

MEINE DEKOIDEE

Zum bezaubernden Adventsschmuck werden auch Dekorationen wie diese **Holzsterne im Shabby-Look**. Dazu einen Weiden- oder Waldrebenkranz fertig kaufen oder selbst binden. Dann mit weißem Sprühlack besprühen. Für den Shabby-Stern einen Holzstern zunächst mit dunkler Acrylfarbe in Braun vorstreichen und trocknen lassen. Ist der Holzstern bereits dunkel, kann auf den Vorstrich verzichtet werden. Dann den Stern weiß lackieren. Ist der weiße Lack vollständig trocken, für die typischen Gebrauchsspuren mit Schleifpapier vorsichtig anschleifen, dabei nur so viel Farbe abnehmen, dass der Untergrund hervorschimmert. Den Stern mit Heißkleber oder Draht am Kranz fixieren.

Heute erwartet sie eine Freundin zum Adventskaffee, da werden neue stimmungsvolle Arrangements geschaffen, denn die Freundin soll in die Adventsstimmung eintauchen und sich wohlfühlen. Gleich an der Eingangstür heißt ein Naturkranz, in dessen Mitte Tina ein Perlenherz mit einem Satinband gebunden hat, die Freundin herzlich willkommen.

MEINE DEKOIDEE

Es gibt so viele schöne Papierdekore! Daraus lassen sich als **Adventsdekoration** ungefüllte Dekorpakete fertigen. Aufgestapelt machen diese Attrappen viel her und die Gäste bestimmt neugierig! Beim Papier sollten nur wenig verschiedene Farben verwendet werden, das wirkt einfach edler. Bei Tinas ausgewählten Papieren dominieren Schwarz-Weiß, helles Eisblau und Rosa. Das Papier ist eher zurückhaltend gemustert, geometrisches Dessin oder Schriftzüge sind vorherrschend. Doch das Tüpfelchen auf dem i sind die Geschenkbänder – in passenden Farben, gemustert oder transparent aus Organza – sie machen aus einem Päckchen erst eine richtige Weihnachtsüberraschung.

Kombiniert arrangiert: Mit großem Glaswindlicht und Holzstern im Shabby-Stil tragen auch die Geschenkpapierrollen zu einer festlichen, aber unaufgeregten Atmosphäre bei.

Wie zufällig vereint: Ein Stapel hübscher Geschenkpäckchen steht im Mittelpunkt, daneben versammeln sich Lichter, Eimer, Stern und Korb mit Lärchenzweig.

Beim Eintreten in das behagliche Appartement leuchten zur Begrüßung die Kerzen in ihren Glaslaternen. Einen effektvollen Blickfang vor der weißen Wand bildet der filigrane Lärchenzweig mit Zapfen, mit dem Tina – einfach und wirkungsvoll – ein winterliches Stillleben schafft. Zur Adventszeit schmücken ihn Kristallgläser und filigrane Baumanhänger. Eine schlichte Tannengirlande mit Lichterkette ziert den Blenderschrank, kleine Nadelbäumchen in silberfarbenen Übertöpfen verstärken die Vorfreude auf den Christbaum.

MEINE DEKOIDEE

Selber machen und recyceln: Für diese Adventsdekoration von einer sauberen Konservendose (ohne scharfe Schnittkante!) die Papierumhüllung entfernen. Die Dose mit mattem Acryllack in Grau innen und außen besprühen und trocknen lassen. Aus schwarzem und silberfarbenem dünnen Karton zwei etwa 6–7 cm große Kreise ausschneiden und versetzt aufeinanderkleben. Mit weißem Lackstift »Noël« daraufschreiben. Das Schildchen an beiden Seiten lochen. Einen Bindfaden durch das Schildchen und um die weihnachtliche **Kerzendose** führen, hinten fest verknoten und zur Schleife binden.

Wintersonne fällt durch das Fenster in der Dachschräge über dem Sofa und betont das zarte Rosa des neuen Lampenschirms. Mit dem Fotodruckkissen »Hirsch« und dem hellgrauen Wollplaid lädt das Sofa zum Einkuscheln ein.

MEINE DEKOIDEE

Das Farbkonzept ist entscheidend, auch für den adventlichen Kaffeetisch. Hier steht alles im Zeichen von Rosa, Weiß und Silber. Das weiße Tischtuch, weiße Servietten und Kerzen sorgen für Ruhe. Zwei Weihnachtsbäume aus Bauernsilber und eine alte Tischglocke aus Metall bilden die Hauptblickpunkte. Der Milchkaffee wird aus rosafarbenen Schalen getrunken. Zur Deko ist jeweils ein Pinienzapfen hineingesetzt. Die Wasserflasche aus rosafarbenem durchscheinenden Glas passt ebenso ins Farbschema. Die patinierten Kerzenleuchter aus Metall sorgen für eine elegant-festliche Note.

Weiße Sterne im Shabby-Stil und Kerzenhalter aus Metall mit schönen Verzierungen strahlen Ruhe aus. Sobald Tina einige Geschenke beisammen hat, werden sie eingewickelt, so müssen sie sich nicht mehr verstecken, sondern dürfen den Raum mit Farben und Mustern bereichern. Aus besonders schönem Papier fertigt sie sogar leere Geschenkpakete – zur Dekoration.

»Es muss nicht immer Grün und Rot sein«, meint Tina. Wer sagt denn, dass Pastelltöne in den Frühling gehören? Sie geben der Adventsdekoration feminines Flair und eine verspielte Leichtigkeit. Passend zu ihren neu bezogenen Lampenschirmen hat sich Tina für ein Farbthema entschieden: Schwarz-Weiß, Silber, helles Eisblau und Rosa. Und so ist auch der Tisch gedeckt. Auf der Tortenplatte mit Glasglocke ist der Gugelhupf mit rosa Glasur aus Tinas Lieblingsbäckerei angerichtet.

Es klingelt an der Tür, die Freundin kommt ... Sie freut sich auf eine schöne Zeit, denn sie weiß, was sie bei Tina erwartet, wie immer: ankommen, entspannen, wohlfühlen!

Im Hintergrund lehnt ein »beschneiter« Reisigkranz zwischen schweren Silberleuchtern auf dem Kaminsims. Davor flackern stimmungsvoll Teelichte in dunklen Gläsern.

LOUNGE
la casita

Weihnachten
BEI GABRIELE

»Meine Weihnachts-inszenierung: üppig festliche Pracht im Lichterglanz!«

Gabriele lebt mit ihrer Familie auf dem Land. Seit 17 Jahren bietet die Inneneinrichterin in ihrem Laden »La Casita« neben Möbeln, Wohnaccessoires und Dekorationen auch Beratung und Service rund ums Einrichten an. Sie probiert gern Neues aus. Vieles, was sie zu Hause für gut befindet, weil es sich toll kombinieren lässt oder einen Blickfang bildet, findet den Weg in den Laden und umgekehrt.

Stilvolle Eleganz zum Fest

Wenn Gabriele einlädt, dann weiß jedes Familienmitglied: »Jetzt wird's festlich!« Sie freut sich jedes Jahr darauf, im Dezember ihr Haus in ein Weihnachtswunderland zu verwandeln, und ihre Gäste bewundern stets aufs Neue ihren Einfallsreichtum und ihr Geschick. Das Haus wurde vor 13 Jahren nach Gabrieles eigenem Entwurf gebaut. »Es verbindet den Charme eines schönen alten Hauses mit dem Komfort eines Neubaus«, erzählt Gabriele – und genau so dekoriert sie. Sie verwendet Altes und Neues, um ein nostalgisch-weihnachtliches Ambiente zu schaffen.

Weihnachtlich glitzert es überall, dazu tragen auch die stilvollen Kronleuchter bei und natürlich der mit Gold- und Silberschmuck, Vogel- und auch Mops-Kugeln geschmückte, makellos gewachsene Baum.

»Echtes Kerzenlicht lässt den Christbaumschmuck glänzen und funkeln.«

Für Wärme und Geborgenheit im weihnachtlichen Wohnzimmer sorgt die kuschelige Couch mit gemütlichen Kissen und der opulenten Felldecke. Da fühlt sich auch der Familienhund wohl.

Die elegante Tischlampe strahlt ihr Licht nach oben und unten aus. Sofa, Wand und Spiegel werden so ins rechte Licht gerückt.

Die Kugel aus Perlensteckern und Zapfen und das silberglänzende Windlicht mit Schmuckkette wirken auf der Spiegelfläche mit dem hölzernen Hirschen besonders prächtig.

Vor dem großen Bild im prunkvollen Goldrahmen effektvoll arrangiert: zwei unterschiedlich hohe Leuchten und die pompöse Silbervase mit Zierzweigen.

Einmal im Jahr darf alles anders und einzigartig sein, sogar ein wenig kitschig. Das Haus wird in allen Räumen winterlich-weihnachtlich geschmückt und die Familie ist gespannt, in welchen Farben in diesem Jahr der Baum herausgeputzt ist. Dafür nimmt sich Gabriele Zeit, golden und silbern glitzert es am Baum. So werden im wahrsten Sinne des Wortes glanzvolle Stunden für das Fest vorbereitet.

Unter dem Baum ist neben den hübsch verpackten Geschenken eine alte Krippe mit farbigen Figuren aufgebaut. Für den Christbaumschmuck hat Gabriele ganz besondere Stücke zusammengetragen.

Es ist schon zu merken, dass eine Fachfrau das Haus für ihr »Weihnachtsmärchen« geschmückt hat. Allein die silbernen Metallgusshirsche wirken in jeder Dekoration beeindruckend. Außergewöhnlich erscheint auch der Spiegel in Blütenform an der Wand, dessen spiegelndes Inneres sehr gut zum Weihnachtsfunkeln passt.

MEINE DEKOIDEE

Als Hingucker auf der Fensterbank hat Gabriele sich für ein Weihnachtsarrangement mit Schrift entschieden. Direkt an den Scheiben lehnt der silber bemalte **Holzschriftzug** »Xmas«. Für den Schriftzug die Buchstaben aus Holz fertig kaufen. Mit Acrylfarbe in Schwarz einmal grundieren und trocknen lassen. Dann mit Acrylfarbe in Silber anmalen und erneut trocknen lassen. Eine Tannengirlande und zwei Christbaumkugeln mit barocker Reliefverzierung gesellen sich auf der Fensterbank zum Schriftzug hinzu. Davor hat Gabriele viele Windlichter aufgestellt, das wirkt sehr stimmungsvoll.

St. Tropez
43° 16' E 6° 38'

Lichterzauber am Kamin – zwei klassische Glasleuchten strahlen und im Kamin schimmert es hell, aber es brennt kein Holz! »Es ist ein Bioalkoholkamin«, verrät Gabriele, dafür muss kein Schornstein vorhanden sein.

6° 38'

MEINE DEKOIDEE

In Grün eingerahmt zeigen sich die wertvollen Stücke auf Gabrieles Kamin besonders stimmungsvoll. Für die üppige Tannengirlande werden ca. 15–20 cm lange Tannen- und Thujazweige zugeschnitten. Dann zunächst die ersten Zweige zu einem Sträußchen zusammenfügen und am unteren Ende mit grünem Blumendraht umwickeln. Das nächste Sträußchen binden und überlappend auf das erste legen und festwickeln. In jedes zweite oder dritte Sträußchen nach Wunsch noch einen Eukalyptuszweig einbinden. So bis zur gewünschten Länge weiterarbeiten. Gabriele hat zusätzlich noch eine Lichterkette und eine glitzernde, filigrane Blättergirlande angebracht. Nun die Girlande auf dem Bord arrangieren. Stilvoll begleitet wird der Hirsch im angedeuteten »Wald« aus großen Pinienzapfen von Glasleuchten und Glaslaternen mit Kuschelhussen sowie kleinen glänzenden Windlichtern, die für eine ideale Ausleuchtung sorgen.

Überall ist Weihnachten! Der große Tannenkranz und der funkelnde Kronleuchter vermitteln Feststimmung.

Auch Wohlgerüche spielen zum Fest eine große Rolle, findet Gabriele. Schon in der Adventszeit ist die Luft geschwängert vom Duft der Gewürze, mit denen sie hübsche Dekorationen herstellt: Dieses Jahr sind das getrocknete Orangenscheiben und mit Nelken besteckte Orangen, lange Zimtstangen und Sternanis.

Weihnachtsgans

Das Rezept für den weihnachtlichen Gänsebraten vom Rost ist ein altes Familienrezept.

Für 8–10 Personen:

- 1 Gans, ausgenommen (ohne Innereien), 3 kg
- 2½ EL Salz
- geriebener Majoran oder Beifuß
- 1½–2½ EL Speisestärke

Die Gans innen mit Salz und Majoran oder Beifuß einreiben, dann die gewünschte Füllung zubereiten.

Den Backofen auf 180 °C Ober-/Unterhitze vorheizen. Die Haut zum Rücken hin mit einem Holzstäbchen feststecken. Dann die Gans von außen salzen und mit der Brustseite nach unten auf den Rost legen, darunter die Fettpfanne schieben, wenig heißes Wasser einfüllen und unter häufigem Begießen 2–3 Stunden im Backofen braten – zu Beginn bei schwächerer Hitze, damit das Fett besser ausbrät. Nach 1½ Stunden, wenn die obere Seite braun ist, die Gans umdrehen. Zum Ende des Bratvorgangs die Gans nicht mehr begießen, damit die Haut knusprig wird; dazu evtl. mit etwas kaltem Wasser bespritzen. Die Sauce sollte nicht zu fett werden, deshalb während des Bratvorgangs Fett abschöpfen, bevor es braun wird, und heißes Wasser hinzufügen, denn die Speisestärke bindet die Sauce nicht, wenn sie zu fett ist. Zum Schluss die Sauce mit Speisestärke binden (ergibt ¾–1 l) und durch ein Sieb passieren.

Unter dem prächtigen vierzehnflammigen Kronleuchter aus Eisen, Gabrieles Lieblingsstück, ist der Tisch für das Weihnachtsessen, die stimmungsvollste Festlichkeit des Jahres, liebevoll vorbereitet. Aus schmalen, leicht »beschneiten« Zweigen wurden stilisierte Weihnachts-

MEINE DEKOIDEE

Für das Weihnachtsessen wird natürlich das schöne, weiße Reliefporzellan aus dem Schrank geholt. Auf jedem Gedeck ruht als **Tischdekoration** eine bestickte Serviette in einem edlen Grau und ein kurzes Tannenzweiglein. Zusammengehalten wird die Serviette von einem aparten, silbernen Ring mit Hirschkopf. Zuletzt werden über das Gedeck noch wie zufällig einige schöne lange Zimtstangen verteilt – sie geben dem Ganzen nicht nur eine natürliche Note, sondern verströmen auch einen dezenten Weihnachtsduft.

bäume geformt, weiche weiße Tischsets wirken unter den farbigen Bastsets wie frisch gefallener Schnee. Der ganze Raum wird beherrscht vom Tannenduft und Lichterglanz des hohen Christbaums, der tatsächlich vom Boden bis unter die Decke reicht.

Die wundervollen, geschnitzten Hirsche wirken sehr lebendig und sind für Gabriele ein Muss zu Weihnachten. Sie begleiten das Essen von der Tischmitte aus und wirken zusammen mit hübschen Glaswindlichtern mit goldenen Ornamenten, mit Tannengrün und Kiefernzapfen harmonisch kombiniert. Die Miniatur-Tannenbäumchen aus Zweigen verleihen der Tafel eine natürliche Eleganz.

Das Festessen soll für alle Gäste zur Sternstunde werden. Dafür werkelt Gabriele mit ihrer Tochter in der großzügigen, hellen Küche. Beide kochen gern. Natürlich gibt es eine Weihnachtsgans, »wie es sich gehört«. Dazu bereitet Gabriele Esskastanien nach einem Familienrezept zu. Außerdem darf der traditionelle Rotkohl nicht fehlen. Auch ein besonderes Dessert ist vorgesehen: Mousse au chocolat, da werden sogar »starke« Männer schwach und genießen mit dem Ausruf: »Es ist doch nur einmal im Jahr Weihnachten!«

MEINE DEKOIDEE

Der erste Adventskranz strahlte im 19. Jahrhundert im »Rauhen Haus« in Hamburg und ist heute aus der Vorweihnachtszeit nicht mehr wegzudenken. Für diesen **Adventskranz** gleich lange Zweige von Nordmanntanne und Douglasie um einen Kranzrohling aus Stroh wickeln. Dann wird der Kranz bestückt: Zunächst die Kerzenhalter einstecken und die roten, durchgefärbten Kerzen aufsetzen. Mit Perlen und Goldfaden bestickte Stoffsterne geben dem Kranz etwas Morgenländisches. Am besten wählt man Lieblingsstücke aus dem Baumschmuck, aber auch einfache Tannen- und Kiefernzapfen sind eine schöne Dekoration. Neben dem Kranz nehmen sich kleine Bündel aus Zimtstangen gut aus. Auch die Kranzmitte kann noch mit Schmuck gefüllt werden, ein Krönchen aus zartem Kupferdraht verleiht dem Ganzen Patina.

Esskastanien

Esskastanien, auch Maronen genannt, gehören einfach zur Weihnachtsgans dazu. Sie sind aber auch als Püree zu Wildgerichten sehr beliebt.

Für 4 Personen:

- 500 g Esskastanien
- Salz
- frisch gemahlener schwarzer Pfeffer
- 30 g Butter

Die Esskastanien oben an der gewölbten Schalenseite kreuzweise mit einem scharfen Messer einschneiden. Dann wahlweise im Backofen oder im Topf zubereiten.

Im Backofen: Den Ofen auf 200 °C Ober-/Unterhitze (Umluft 180 °C) vorheizen. Die Esskastanien mit der flachen Seite auf ein Blech legen und 20–25 Minuten auf mittlerer Schiene backen, bis die Schalen aufgeplatzt sind.

Im Topf: Wasser zum Kochen bringen, die Kastanien und das Salz hineingeben. Dann 15–20 Minuten im Salzwasser kochen lassen, bis die Schalen aufgeplatzt sind.

Danach die Kastanien aus dem Ofen bzw. aus dem Wasser nehmen und abkühlen lassen. Entweder Haut und Schale der Kastanien entfernen oder – wie hier – noch heiß mit Schale servieren. Nach Wunsch salzen, pfeffern und buttern.

Mousse au chocolat

Mousse au chocolat lieben wir als Abschluss eines festlichen Weihnachtsessens!

Für 4–6 Personen:

- 4 Eier (Eigelb und Eiweiß trennen)
- 50 g sehr feiner Zucker
- 2 EL Weinbrand oder Kaffeelikör nach Wunsch
- 200 g Halbbitter-Schokolade
- 3 EL starker Kaffee oder Espresso
- 100 g Butter
- 100 g Sahne

Eigelbe und Zucker in einer feuerfesten Schüssel mit einem Schneebesen 2–3 Minuten schlagen, bis sie hellgelb und dicklich sind. Nach Wunsch Weinbrand oder Kaffeelikör hinzufügen, noch 3–4 Minuten weiterschlagen, bis die Masse schaumig ist.

Die klein geschnittene Schokolade mit dem Kaffee oder Espresso in einer Wasserbadschüssel über heißem Wasser schmelzen, dabei ständig rühren. Die klein geschnittene Butter Stück für Stück darunterschlagen. Die Schokoladen-Butter-Creme leicht abkühlen lassen, dann die Eigelbmischung zufügen. Die Sahne steif schlagen und bevor die Creme weiter andickt mit dem Schneebesen unterziehen. Die Eiweiße sehr steif schlagen, ein Viertel davon unter die Masse rühren, den restlichen Eischnee vorsichtig unterziehen.

Die Mousse dicht mit Frischhaltefolie abdecken und für 3–4 Stunden in den Kühlschrank stellen.

»Lasst die Gläser klingen, ein Hoch auf die wunderbare Gastgeberin!«

In fröhlicher Runde werden nun die Gläser geleert. Alle stoßen auf das Wohl der vollendeten Gastgeberin Gabriele an und wüschen sich ein schönes Beisammensein auch im nächsten Jahr.

Dank

Ein herzliches Dankeschön allen Frauen, die die Leserinnen und Leser zum Ausflug aufs Land eingeladen haben.

ADRESSEN

Gabriele Aßmann
Ladengeschäft: la casita decoration
Reinbeker Weg 32
21465 Wentorf bei Hamburg
Website: www.la-casita-decoration.de

Tina Busch
Ladengeschäft: Fenimore Worpswede
Bergstraße 25
27726 Worpswede

Jana Schroer
Ladengeschäft: Lottas Hus
Stubbenberg 6
21039 Escheburg
Website: www.lottas-hus.com

Désirée Tummescheit
Facebook: www.facebook.com/GenussFAKTOREI
Mail: mail@genussfaktorei.de

IMPRESSUM

Fotos & Styling: Susanne Helmold, Markus Hertrich; Helmold & Hertrich, außer Seiten 81–101, 124–135: Foto & Styling: new media images, Susanne Helmold, Requisitenassistenz: Mina Hesse

Text: Regina Sidabras
Layout, Satz & Covergestaltung: Antje Warnecke, www.norden-design.de
Konzept, Lektorat, Korrektorat & Projektmanagement: Susanne Klar, www.wohnbuchbuero.de
Fachkorrektur: Bettina Snowdon
Druck & Bindung: APPL, Wemding

1. Auflage 2016
ISBN: 978-3-7724-7398-2
Best.-Nr. 7398